Dieses Buch gehört

Liebe Eltern,

wir wollen Ihr Kind beim Lesenlernen unterstützen, und zwar mit Geschichten, die Spaß machen.

Unsere Bücher mit dem liebenswerten Leselöwen begleiten Ihr Kind durch die 1. Klasse und enthalten eine spannende Geschichte mit einfachen Sätzen. Viele bunte Bilder sorgen für Lesepausen und helfen, die Geschichte zu verstehen. Die große, gut lesbare Schrift wurde extra für Leseanfänger*innen entwickelt und ist auch für Legastheniker*innen geeignet. Mit den Aufgaben zum Text kann Ihr Kind selbst prüfen, ob es den Text richtig verstanden hat. Zu den markierten Wörtern warten am Ende des Buches spannende Fakten und in unserem Onlineportal finden Sie viele weitere Extras!

So wird Ihr Kind zum echten Leselöwen!

Ihr
Leselöwe

Leselöwen

STÜTZE & VORBACH

DRACHENFREUND GESUCHT!

ILLUSTRIERT VON LEONIE DAUB

Loewe

Ihre Meinung zählt!

Nehmen Sie jetzt an einer kurzen Elternbefragung des Loewe Verlags teil und beeinflussen Sie die zukünftige Entwicklung unserer Kinderbücher:

www.elternbefragung.online

Unser Kinderbuch-Newsletter bietet alle Infos zu Neuerscheinungen und tollen Veranstaltungen, exklusive Gewinnspiele und vieles mehr!

Jetzt kostenlos abonnieren: *www.loewe-verlag.de*

FSC
www.fsc.org
MIX
Papier aus verantwortungsvollen Quellen
FSC® C109273

ISBN 978-3-7432-1048-6
1. Auflage 2022

Umschlag- und Innenillustrationen: Leonie Daub
Umschlaggestaltung: Michael Dietrich
Vignetten Leselöwe und Sticker: Angelika Stubner
Printed in the EU

www.leseloewen.de

INHALT

DRACHENSPUREN ENTDECKT! 8

DIE SUCHE 16

AUF DER FLUCHT 20

ÜBERRASCHUNG! 33

DRACHENSPUREN ENTDECKT!

LINUS IST EIN UR-UR-ALTER DRACHE
UND MAX EIN GAR-NICHT-ALTER JUNGE.
JEDEN MONTAG BESUCHT MAX
SEINEN FREUND LINUS.

SIE SEHEN GERADE FERN,
ALS EINE **EILMELDUNG** KOMMT:
DRACHENSPUREN AM
DRACHENSEE *ENTDECKT.*

„DRACHENSPUREN?“
LINUS WIRD VOR AUFREGUNG
ROT-LILA-GRÜN UND BRÜLLT:
„DA MÜSSEN WIR HIN!“

ER WÜNSCHT SICH SO SEHR
EINEN DRACHENFREUND!
ACH, WÄRE DAS TOLL!

LINUS UND MAX FLIEGEN ÜBER BERGE,
DAS MEER, WIESEN UND FELDER.
SO WEIT! ENDLICH SEHEN SIE
DEN GRÜN-BLAUEN DRACHENSEE.

DA WERDEN SIE AUF EINMAL
VON EISWOLKEN UMGEBEN.
DANN SCHIEßT EIN FEUERWIND
AN IHNEN VORBEI!

ATEMLOS LANDEN SIE AUF
EINER REGENBOGEN-INSEL.

LINUS RUFT FROH:
„EISWOLKEN UND FEUERWIND?
HIER MUSS
EIN DRACHE SEIN!“

DIE SUCHE

MAX UND LINUS SUCHEN ÜBERALL:
AM UFER UND TIEF IM SEE,
ÜBER DEN WOLKEN
UND HINTER DEN BERGEN.

SIE SUCHEN UND SUCHEN.

ABER EINEN DRACHEN

FINDEN SIE NIRGENDS.

IN DER FERNE ENTDECKT LINUS
EINE GROẞE STADT.
ÜBER IHR TANZEN BUNTE LICHTER.
EIN DRACHENZAUBER?

SIE SUCHEN IN DER STADT,

BIS SIE ZU MÜDE SIND.

VERSTECKT IN EINEM **STADION**

SCHLAFEN SIE EIN.

AUF DER FLUCHT

AM NÄCHSTEN MORGEN
FINDET MAX EINE ZEITUNG.
AUF DER ERSTEN SEITE STEHT:
DRACHE GESICHTET!

LINUS JAUCHZT VOR FREUDE.

DOCH ÜBER DEM TEXT IST EIN BILD.

ES IST UNSCHARF.

ABER MAX ERKENNT ES GENAU.

LEISE SAGT MAX:

„LINUS, DAS BIST DU AUF DEM FOTO.

ES GIBT KEINEN ANDEREN DRACHEN.“

LINUS VERDRÜCKT EINE DICKE TRÄNE.

KLICK-KLICK-KLICK!,

MACHEN DIE KAMERAS

DER **REPORTER**.

OJE! SIE HABEN LINUS ENTDECKT.

SCHNELL, SCHNELL WEG!

LINUS EILT DAVON.

ALLE JAGEN HINTERHER.

ROTT-ROTT-ROTT!,

KREISEN HUBSCHRAUBER ÜBER IHNEN.

„DER DRACHE!“, RUFEN ALLE.

„LOS, DEN SCHNAPPEN WIR!“

LINUS FLIEGT DAVON,
HINAUS AUS DER STADT.
ALLE WOLLEN IHN EINFANGEN.

NUR EIN MÄDCHEN NICHT.
IHR NAME IST KIKI
UND SIE FRAGT FREUNDLICH:
„BRAUCHT IHR HILFE?“

SCHNELL FÜHRT KIKI
DIE BEIDEN IN EINEN **PARK.**
LINUS UND MAX STAUNEN.

HIER SIND ÜBERALL DRACHEN!
SIE SIND AUS STEIN UND HOLZ.
SOGAR EINEN DRACHENBRUNNEN
AUS METALL GIBT ES.

ALLE SUCHEN NACH LINUS!

ES KNATTERN AUTOS.

ES SURREN HUBSCHRAUBER.

ES SCHNAUBEN PFERDE.

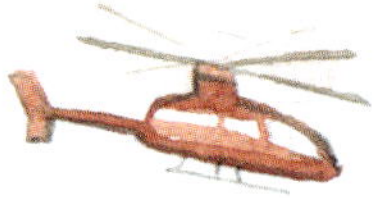

KLICK-KLICK-KLICK!,

DIE REPORTER FOTOGRAFIEREN ALLES.

LINUS SITZT STILL IM DRACHENPARK.

NIEMAND HÄLT IHN FÜR ECHT!

ALS ENDLICH ALLE SCHLAFEN,

FLIEGEN LINUS UND MAX

ENTTÄUSCHT NACH HAUSE.

FOLGT IHNEN DA JEMAND?

ÜBERRASCHUNG!

AM NÄCHSTEN MORGEN PUTZT LINUS
TRAURIG SEINE ZÄHNE.
DA TANZT DRAUßEN EINE EISWOLKE.
AM HIMMEL LEUCHTEN BUNTE PUNKTE.

LINUS FAUCHT WÜTEND:

„MACHT EUCH NICHT LUSTIG!

ES GIBT KEINE ANDEREN DRACHEN.“

DA STECKT EIN FREMDER DRACHE
DEN KOPF UM DIE ECKE.
OH! LINUS WIRD VOR SCHRECK
GANZ GRAU-BLAU-GRÜN.

„ICH BIN UMARA“, SAGT DER DRACHE.
AUF SEINEM RÜCKEN SITZT KIKI.
LINUS FRAGT ÜBERRASCHT:
„DIE SPUREN WAREN VON DIR?“

UMARA NICKT. „JA! ICH DACHTE,
ICH SEI DER EINZIGE DRACHE.“
LINUS UMARMT UMARA SO FEST,
DASS MAX UND KIKI LACHEN MÜSSEN.

„DRACHENFREUNDE SIND TOLL!“,
MEINT KIKI. MAX NICKT.
AM ABEND MÜSSEN UMARA UND KIKI
LEIDER WIEDER NACH HAUSE.

ABER JEDEN MONTAG SITZEN ALLE
VOR DEM COMPUTER UND PLAUDERN.
ES GIBT SO VIEL ZU ERZÄHLEN!

Fragen und Antworten

1. Wer ist wie alt? Verbinde die Bilder von Max und Linus mit den richtigen Wörtern.

UR-UR-ALT

GAR-NICHT-ALT

Antwort: Linus ist ur-ur-alt und Max ist gar-nicht-alt.

2. An welchem Tag besucht Max seinen Freund Linus? Bringe die Buchstaben in die richtige Reihenfolge.

G A N T O M

Antwort: Montag

3. Was wünscht Linus sich sehr? Kreise ein.

EINHORNFEINDZAUBERKUMPELDRACHENFREUND

Antwort: Drachenfreund

4. Wo werden die Drachenspuren entdeckt? Kreuze an.

- ☐ Drachentümpel
- ☐ Drachenmeer
- ☐ Drachensee

Antwort: Drachensee

5. Lies genau in Spiegelschrift! Wie heißt der fremde Drache? Kreuze an.

- ☐ urumU
- ☐ uramU
- ☐ aramU

Antwort: Umara

Schon gewusst?

Eilmeldung (Seite 9):

Wenn etwas besonders Wichtiges passiert, berichten Radio und Fernsehen darüber nicht erst in den normalen Nachrichten. Sie unterbrechen das Programm für eine Eilmeldung, damit alle gleich Bescheid wissen.

Drachensee (Seite 9):

Auch in echt gibt es Drachenseen – sogar mehrere! Einer liegt in Furth im Bayerischen Wald. Dort leben aber leider keine Drachen. Der See wurde nach dem „Drachenstich“ benannt. Das ist ein Volksschauspiel, das jedes Jahr im Sommer in Furth aufgeführt wird.

Stadion (Seite 19):

In einem Stadion finden Sportwettkämpfe statt. In der Mitte gibt es meist ein Spielfeld und am Rand befinden sich Tribünen mit Sitzen für die Zuschauer. Manchmal wird in einem Stadion auch ein Konzert veranstaltet. Ein anderes Wort für Stadion ist Arena.

Reporter (Seite 23):

Reporter berichten über aktuelle Ereignisse, und zwar direkt von dort, wo sie passieren.

Park (Seite 28):

Parks sind große Gärten, wo alle Menschen in der Stadt ins Grüne können. Außerdem sorgen Bäume und Pflanzen für eine bessere Luft. Manche Parks haben auch ein Thema, wie der Drachenpark in dieser Geschichte.

Blättere schnell um und trage die blauen Buchstaben in der richtigen Reihenfolge in die Kästchen ein!

Annett Stütze, geboren in Leipzig, studierte Germanistik und Kunstgeschichte an der Humboldt-Universität zu Berlin. Heute lebt sie in Frankfurt am Main, schreibt und übersetzt voller Freude Kinderbücher und unterrichtet Deutsch als Fremdsprache.

Britta Vorbach, geboren in Tübingen, ist Grundschulpädagogin und arbeitete viele Jahre in verschiedenen Kinderbuchverlagen als Lektorin. Heute schreibt sie Kinderbücher und entwickelt Lernmaterialien. Sie lebt in Frankfurt am Main.

Leonie Daub studierte Kommunikationsdesign an der Staatlichen Akademie der Bildenden Künste in Stuttgart. Heute übt sie ihren Traumberuf als freie Illustratorin aus.

Das Leselöwen-Lösungswort

Besuche den Leselöwen auf
www.leseloewen.de und trage
die farbigen Buchstaben
von den Seiten *Schon gewusst?*
in der richtigen Reihenfolge
in die magische Box ein.

Wenn du das Lösungswort
gefunden hast, kommst du auf
die geheime Seite mit vielen
weiteren Spielen und Rätseln!

Der Leselöwe freut sich auf dich!